NOTICE

SUR LES EAUX MINÉRALES

DE

CONTREXÉVILLE

(VOSGES),

Par LEGRAND DU SAULLE,

DOCTEUR EN MÉDECINE DE LA FACULTÉ DE PARIS,

ANCIEN INTERNE ET LAURÉAT (MÉDAILLE D'OR),

MEMBRE DE LA SOCIÉTÉ MÉDICO-PSYCHOLOGIQUE

ET DE L'ASSOCIATION DES MÉDECINS DE LA SEINE.

Le remède n'est rien, la médication est tout; et
le mode d'administration principalement a quelque
chose de sacramentel.

(Professeur TROUSSEAU, Leçons cliniques re-
cueillies et publiées par le Dr LEGRAND DU
SAULLE.)

PARIS,

J. VIAT, LIBRAIRE-ÉDITEUR,

COUR DU COMMERCE, 12 (FAUBOURG SAINT-GERMAIN).

CONTREXÉVILLE,

A L'ÉTABLISSEMENT DES EAUX MINÉRALES.

1857.

DES

EAUX MINÉRALES

DE

CONTREXÉVILLE.

HISTORIQUE.

La connaissance des eaux de Contrexéville remonte à une époque déjà bien éloignée de nous. Ainsi que nous l'apprend M. Mamelet (1), le docteur Bagard, premier médecin du roi, président et doyen du collége de médecine de Nancy, vint lire, le 10 janvier 1760, à la Société royale des Sciences et des Arts de cette ville, un mémoire dans lequel il rendit compte de leur composition chimique. Une guérison généralement regardée comme miraculeuse, que ce médecin avait obtenue l'année précédente (1759), avait fixé son attention d'une manière toute spéciale sur l'application de ces bienfaisantes eaux au traitement de quelques maladies.

En 1774, le docteur Thouvenel posa la première pierre de l'établissement si remarquable qui existe aujourd'hui. Seulement, jusqu'en 1850, tous les propriétaires qui s'étaient succédés, n'avaient presque rien fait, soit par mesure d'économie, soit par l'effet d'une coupable négligence, pour offrir aux buveurs le confortable et les distractions nécessaires. Le séjour des eaux était donc triste, et tandis que

« Nos établissements thermaux, si divers, mais tous animés

(1) *Notice sur les propriétés physiques, chimiques et médicinales des eaux de Contrexéville (Vosges)*, 4ᵉ édition, 1851.

» d'un même désir de faire du bruit dans le monde, s'illus-
» traient et se vulgarisaient par le retentissement de la réclame,
» Contrexéville seul, à peine tiré de son obscurité par les tra-
» vaux consciencieux, mais peu retentissants, de Bagard et de
» Thouvenel, attendait en silence, de la reconnaissance seule
» de ses clients, que l'opinion publique se fixât irrévocablement
» sur sa valeur précise (1). »

En écrivant ces lignes, feu Peschier, médecin du Corps lé-
gislatif, a parfaitement exposé, et beaucoup mieux que nous
ne saurions le faire, le passé de Contrexéville.

Depuis quelques années, les choses sont heureusement bien
changées. Écoutons plutôt ce qu'en dit le M. le docteur Baud :

« Un nouveau propriétaire qui peut tout ce qu'il veut, et
» qui veut tout ce qu'il peut en faveur de ces sources salutaires,
» a déjà consacré et consacre encore chaque jour beaucoup
» d'argent, beaucoup de zèle et beaucoup d'intelligence à ré-
» parer, à créer, à perfectionner et à embellir tout ce qui im-
» porte au traitement et au bien-être des buveurs (2). »

Les médecins et les buveurs commencent à revenir de cet
engouement irréfléchi qui leur faisait autrefois considérer l'eau
de Vichy comme une souveraine panacée contre les affections
les plus dissemblables ; le temps et l'expérience ont chaque
jour apporté de nouveaux mécomptes. La lumière tend à se
faire de plus en plus : aujourd'hui les esprits sérieux choisissent
les eaux minérales qui conviennent et s'appliquent directement
à la maladie, et font peu de cas des caprices de la mode. C'est
là un grand progrès.

Si nous jetons un regard sur les différents phénomènes mor-

---

(1) *Notice sur les eaux minérales de Vittel*, page 4.

(2) *Union médicale*, n° du 1er juin 1852.

bides qui doivent leur guérison à l'efficace intervention d'une eau minérale, nous sommes frappé de voir qu'une aussi large part ait été dévolue à Contrexéville. « Pure de toute » surprise, de toute excitation de l'opinion, dédaigneuse d'une » éclosion précoce, et partant éphémère, cette bienfaisante » source, par le seul fait de la multiplicité et de la constance » des guérisons qu'elle a disséminées de par le monde, est par- » venue à ce point de notoriété publique que son nom n'est » pas moins identifié avec l'idée de gravelle et de goutte, que » celui de sulfate de quinine avec l'idée de fièvre intermittente. » Cette justice lui est rendue par tous et sans conteste (1). »

TOPOGRAPHIE.

Contrexéville est une commune de l'arrondissement de Mire-court (Vosges).

Plusieurs routes y conduisent, et le chemin de fer de l'Est y mène par trois directions :

De PARIS.—1° *Station de Commercy.*—19 lieues de Contre-xéville, correspondance assurée à Paris, trajet en 15 heures.

2° *Station de Donjeux.* — 17 lieues de Contrexéville par Neufchâteau.

3° *Station de Nancy.* — 18 lieues de Contrexéville. Une di-ligence part tous les jours de Nancy, qui, dès la saison de 1857, doit passer à Contrexéville même.

Ligne de Mulhouse.— La station la plus rapprochée est Chau-mont. — 20 lieues de Contrexéville, par Bourbonne. Le trajet est direct par le chemin de fer, et il se raccourcira encore après le très-prochain achèvement de la ligne.

(1) Peschier, ouvrage cité, pages 4 et 5.

L'établissement des eaux minérales est une propriété parti-
culière ; il est situé au couchant du village, dans la presqu'île
formée par le Vair et un ruisseau qui vient de Suriauville. Les
sources sont au nombre de trois. « L'une, dite du *Pavillon*, est
celle dont on boit ; elle fournit environ 52,000 litres d'eau en
vingt-quatre heures. Les deux autres sources, dites l'une des
Bains et l'autre du *Quai*, sont uniquement destinées à l'usage
externe. Les sources sont renfermées dans l'établissement ther-
mal qui a une belle apparence, et dont voici les principales
dispositions :

De chaque côté d'un joli jardin gracieusement dessiné, planté
de beaux arbres et très-coquettement entretenu, « existent
quatre corps de logis contenant, ceux de gauche, les apparte-
ments occupés par les malades, et ceux de droite, les salons de
réunion. De ces bâtiments partent des galeries circulaires qui
aboutissent à un pavillon octogone, clos de vitrages, où est amé-
nagée la source qui sert à la boisson. Tout a été parfaitement
disposé près de cette source pour que les buveurs puissent se
livrer à la promenade sans être exposés aux intempéries ou aux
injures de l'atmosphère. Quant aux bains, ils ont été complètement réorganisés, et leur aménagement est aujourd'hui très-
convenable (1). »

Les buveurs de Contrexéville trouvent aux portes même de
l'établissement de fort jolies promenades. Le propriétaire ac-
tuel s'est rendu acquéreur des coteaux de Bellevue et de la
Glacière ; l'un d'eux, anciennement planté, conduit par des
rampes extrêmement douces et bien ombragées à une avenue,
ainsi qu'aux bois de la commune, à travers lesquels on a percé
une très-belle chaussée. Ces coteaux offrent, sur la vallée, des
vues très-gracieuses.

(1) Dr C. James, *Guide pratique du médecin et des malades aux eaux minérales*, 5e édition, page 204.

Dans l'intervalle du déjeuner au dîner, les malades se rendent souvent en voiture à la vallée dite de Chevreroche, véritable oasis au milieu des terrains calcaires, où se trouvent réunis les petites cascades, la fraîcheur, les arbres et le sol sablonneux des montagnes.

Une promenade de même durée conduit à un chêne très-remarquable et déjà célèbre sous Louis XV, connu sous le nom de *Chêne des Partisans*.

Lorsque les médecins conseillent quelques jours de repos absolu dans la prise des eaux, les excursions à Épinal (où le charmant parc de son vieux château attire tous les ans plus de mille visiteurs), Plombières, Gérardmer, Bruyères et Remiremont offrent aux voyageurs les plus jolis sites des Vosges, et il faut à peine quatre ou cinq jours (temps précisément indiqué dans le cas où on interrompt l'usage des eaux, entre deux saisons par exemple) pour visiter ces pittoresques vallées.

Domremy n'est situé qu'à deux lieues au-delà de Neufchâteau. Très-souvent, à leur départ de Contrexéville, les buveurs se rendent dans ce lieu si intéressant par le souvenir de Jeanne d'Arc, qui y est vivant encore. L'État et le département entretiennent et restaurent avec le plus grand soin l'ancienne et modeste demeure de la grande héroïne du 15e siècle.

ANALYSE CHIMIQUE.

« L'eau de Contrexéville est une eau alcaline, légèrement ferrugineuse : température, 12° C. Sa saveur fraîche, acidule et un peu atramentaire, laisse un arrière-goût styptique. Exposée à l'air, cette eau conserve toute sa transparence; seulement sa surface se recouvre d'une pellicule irisée.

» Analysée sur les lieux par M. O. Henry, la source du

Pavillon a fourni, par litre, 2 gr. 871 de principes fixes, dont :

	gram.
Bicarbonate de chaux..............	0,675
——————— de magnésie..........	0,220
Sulfate anhydre de chaux.........	1,150
Chlorure alcalin..................	0,120

et quelques autres sels, spécialement des sels ferriques, en proportion moindre. La quantité d'acide carbonique libre est de 0 lit. 019 (1). »

Un très-habile chimiste, M. J. Niklès, a communiqué, le 13 avril dernier, à l'Institut de France (Académie des Sciences), un travail très-intéressant sur la présence du fluor dans la composition de certaines eaux minérales, et notamment dans celles de Contrexéville,... « J'en ai trouvé, dit l'auteur, en quantités sensibles à l'état de fluorures. L'eau de Contrexéville en est bien plus riche que celle de Plombières ; elle imprime à la lame de cristal de roche des marques visibles à l'œil nu, tandis qu'une même quantité d'eau de Plombières, 4 litres, n'impressionne cette lame que passagèrement.

» Le fait de la présence des fluorures dans des eaux minérales qui jouissent d'une réputation si méritée, me semble de nature à appeler l'attention des médecins sur les propriétés thérapeutiques de ces combinaisons, propriétés non encore étudiées, bien qu'on sache qu'elles ne sont pas toxiques (2). »

Nous recueillons et enregistrons avec plaisir cette récente découverte de M. J. Niklès. Il nous est bien difficile, dès à présent, de dire en quoi la présence du fluor est susceptible de nous éclairer sur les propriétés médicales des eaux de Contrexéville ; mais, au moyen de recherches expérimentales sui-

(1) Dr C. James, ouvrage cité, pages 204 et 205.

(2) Compte-rendu des séances de l'Académie des Sciences.

gneusement faites, nous ne tarderons peut-être pas à être édifié sur les vertus physiologiques et thérapeutiques de ce nouvel élément chimique.

PROPRIÉTÉS THÉRAPEUTIQUES DES EAUX

de Contrexéville.

La composition chimique des eaux , la grande quantité de sels de chaux , de magnésie , de chlorure alcalin , indiquent assez au médecin dans quelles affections il doit spécialement conseiller une saison à Contrexéville, et elles lui démontrent jusqu'à l'évidence combien ces eaux sont susceptibles d'agir comme agent modificateur ; c'est qu'en effet elles exercent une action puissante sur des organes malades.

Si nous parcourons l'ouvrage si intéressant de M. le docteur Constantin James, nous voyons que cet habile praticien dirige sur Contrexéville les personnes atteintes d'*engorgement du foie*, de *calculs biliaires*, de *catarrhe de la vessie*, de *gravelle* et de *goutte* (1). Notre confrère voudra bien nous permettre d'étendre un peu ce cadre beaucoup trop restreint.

GRAVELLE. — « Une des données généralement admises » dans le traitement de cette affection, est l'emploi constant des » diurétiques. Cet emploi est au reste fort bien justifié, car tout » ce qui peut favoriser l'expulsion des graviers suffit souvent » pour faire disparaître les accidents les plus redoutables. Quel » moment plus favorable choisir pour arriver à ce résultat, si » ce n'est celui où le volume peu considérable du gravier per- » met au liquide urinaire de l'entraîner facilement. C'est dans

(1) Troisième édition, pages 48, 49 et 52.

» ce but qu'on a non-seulement eu recours à des eaux minérales
» spéciales, à des tisanes diurétiques, mais jusqu'à de l'eau
» pure. Parmi les eaux minérales, nous trouvons en première
» ligne celles de Contrexéville » (1). Nous n'aurions presque
rien à ajouter à ces paroles de M. le docteur Moreau, si nous
ne voulions entrer dans quelques considérations spéciales rela-
tivement à la gravelle.

On désigne sous le nom de *graviers* toutes les petites concrétions dont le volume varie entre celui d'une tête d'épingle et
celui d'un pois. Lorsque le diamètre de ces concrétions est plus
grand et que ces dernières ne peuvent plus passer librement
par l'uretère, elles deviennent des *calculs*. La dénomination de
pierres est appliquée seulement aux calculs très-volumineux.
Ces distinctions ont été signalées par M. Civiale et elles sont
d'une importance immense dans la pratique.

Chaque espèce de gravelle a des caractères différentiels assez
bien tranchés.

1° Gravelle urique.— Les graviers d'acide urique sont les
plus communs ; leur couleur est d'un rouge jaunâtre. Lorsqu'on les met en contact avec des alcalis ou de la potasse, ils
se décomposent très-rapidement. L'acide azotique les dissout
avec effervescence. Mis en présence du feu, ils se consument
entièrement (*gravelle rouge*).

2° Gravelle phosphatique. *A*. — Les graviers de phosphate
ammoniaco-magnésien sont grisâtres, ont une saveur salée et
verdissent le sirop de violette. Ils noircissent sur des charbons
ardents et répandent une odeur ammoniacale (*gravelle grise*).

B.— Les graviers de phosphate de chaux se rencontrent très-
rarement ; ils sont blancs (*gravelle blanche*).

(1) *Gazette des hôpitaux*, n° du 24 février 1857.

3° GRAVELLE OXALIQUE. — Les graviers formés d'oxalate de
chaux sont jaunes et quelquefois bruns ou presque noirs. Au
moyen du chalumeau, on enlève l'acide oxalique, et il ne reste
plus que de la chaux pure en poudre (*gravelle jaune*).

4° GRAVELLE PILEUSE. — Lorsqu'on trouve des poils ou des
fragments de poils au milieu des concrétions, la gravelle est dite
pileuse. Cette variété rentre dans les trois précédentes.

Chose vraiment remarquable, « les eaux de Contrexéville
conviennent pour toute espèce de gravelle *indistinctement!* (1) »
« On peut se représenter l'eau de Contrexéville comme for-
» mant de véritables courants à travers la substance du rein,
» les bassinets et les canaux urinaires ; ces courants, entraînant
» avec eux les mucosités et les concrétions, leur font franchir
» les uretères et facilitent par suite leur chute dans la vessie.
» L'urine, ou plutôt l'eau minérale, parvenue dans ce ré-
» servoir, y séjourne assez pour agir sur ses parois. Celles-ci
» vivement stimulées, se contractent avec plus d'énergie, et
» expulsent, en même temps que les urines, les graviers ou
» même les calculs dont le volume est en proportion avec
» l'ampleur de l'urètre.
» Indépendamment de ces phénomènes d'élimination, les
» eaux de Contrexéville semblent exercer une action directe
» sur la matière lithique elle-même. Plongez un de ces calculs
» dans le bassin de la fontaine, où l'eau se renouvelle conti-
» nuellement, et, au bout d'un certain temps, il vous offrira
» des traces de dissolution (2). »
En traitant la question des *concrétions urinaires*, M. le docteur
Valleix, médecin de l'hôpital de la Pitié, à Paris, dont la

(1) Dr Constantin James, ouvrage cité. page 40.

(2) *Idem*, pages 205 et 206.

science porte encore le deuil, conseille les eaux de Contrexéville et il ajoute « qu'on doit insister longtemps sur leur
» administration (1). » MM. les professeurs Piorry (2) et
Grisolle (3), de la faculté de médecine de Paris, insistent également, avec cette autorité qui s'attache à leurs noms, sur
l'usage des eaux de Contrexéville dans les cas de gravelle.

Nous ajouterons que M. Mamelet qui a exercé la médecine à
Contrexéville pendant plus de quarante ans, a rapporté un
grand nombre d'observations authentiques de guérison (4). Les
documents laissés par cet honorable praticien ont à nos yeux
une grande valeur.

GOUTTE. — « Contrexéville jouit d'une efficacité incon-
» testable dans le traitement de certaines formes de la goutte,
» spécialement de la goutte atonique. » — « Si quelqu'un, dit
» M. Baud, pouvait douter de la consanguinité de la gravelle
» et de la goutte, il faudrait lui prescrire une saison d'obser-
» vation à Contrexéville, il ne tarderait pas à se convaincre
» que, d'une part, la goutte est presque toujours compliquée
» de gravelle, ou alterne avec elle, que, d'autre part, la gra-
» velle est la crise la plus efficace de la goutte. Contrexéville
» s'énorgueillit à bon droit d'une phalange fidèle d'anciens
» habitués, dont quelques-uns font remonter à vingt ans les
» titres de leur constance, et qui se proclament, non pas sou-
» lagés, mais guéris par ces bienfaisantes eaux. (5) » M. Mamelet a obtenu de très-beaux succès dans le traitement de la
goutte, (6) et cela se comprend très-bien, puisque M. le docteur

(1) *Guide du médecin praticien*, 3e édition, tome III, page 554.
(2) *Traité de médecine pratique*, tome VI, page 452.
(3) *Traité de pathologie interne*, 3e édition, tome II, page 579.
(4) Ouvrage cité, de la page 25 à la page 41.
(5) Dr C. James, ouvrage cité, page 207.
(6) Ouvrage cité, de la page 60 à la page 65.

Constantin James a péremptoirement établi dans son ouvrage, remarquable à tant de titres divers, que les eaux de Contrexéville administrées pour combattre l'affection goutteuse, *redonnent de la souplesse aux muscles et aux ligaments, et qu'elles préviennent ensuite les incrustations tophacées qui amènent si souvent l'ankylose* (1).

CATARRHE DE LA VESSIE. — Le catarrhe vésical qui reconnaît si souvent pour cause l'influence du froid et de l'humidité, et qui s'observe si fréquemment chez les vieillards, est très-heureusement modifié par une saison à Contrexéville. M. le professeur Grisolle a consacré une honorable mention aux eaux de cette localité, lorsqu'il a décrit le traitement du catarrhe de la vessie (2), et M. Mamelet a rapporté deux observations très-concluantes de guérison (3). Enfin, M. C. James s'exprime ainsi : « Dans les affections catarrhales de la vessie, le bon effet » de ces eaux est souvent aussi fort remarquable (4). »

HÉMATURIE. — Cette expression médicale est employée pour désigner l'excrétion du sang par le canal de l'urètre. L'hématurie ne constitue une maladie grave que lorsqu'elle est très-abondante ; elle dépend très-souvent de la présence d'un calcul. Les eaux de Contrexéville sont toujours conseillées dans cette affection par M. le docteur Gendrin (5), médecin de l'hôpital de la Pitié et praticien très en renom à Paris.

COLIQUE NÉPHRÉTIQUE. — On observe la colique néphrétique dans les affections calculeuses des reins (gravelle,

(1) Ouvrage cité, page 52.
(2) Ouvrage cité, tome I, page 754.
(3) Ouvrage cité, de la page 55 à la page 57.
(4) Ouvrage cité, page 207.
(5) *Traité philosophique de médecine pratique*, tome I, page 259.

calculs); dans des cas d'hématurie, lorsque des caillots sanguins obstruent l'uretère, et presque dans toutes les maladies qui exposent le rein à être vivement irrité et dans lesquelles l'uretère est distendu. Le déplacement d'un calcul *hérissé d'aspérités* occasionne presque infailliblement la colique néphrétique, car il se produit une déchirure de la muqueuse; cet accident détermine les douleurs les plus vives. Les eaux de Contrexéville, suivant le conseil de M. Valleix (1), sont ici indiquées.

ENGORGEMENT DU FOIE. — M. C. James ordonne les eaux de Contrexéville dans cette maladie (2).

CALCULS BILIAIRES. — Pour faire complètement disparaître les calculs des voies biliaires, les médecins se sont naturellement adressé à la chimie, à ses composés, et partant aux eaux minérales alcalines, comme celles de Contrexéville.

CHLOROSE. — VICES DE LA MENSTRUATION.— ENGORGEMENT DE L'UTÉRUS.— « Les eaux de Contrexéville » se montrent également salutaires dans le traitement de la » chlorose et des engorgements atoniques de l'utérus (3). » M. Mamelet a rapporté huit observations (4) qui ne laissent aucun doute sur l'efficace intervention de ces mêmes eaux dans les cas de menstruation difficile.

MALADIES DES ORGANES DIGESTIFS. — L'action des alcalins est trop connue et la magnésie trop vulgairement employée contre toutes les souffrances du tube digestif, pour mériter ici autre chose qu'une simple mention.

Nous ne nous sommes point trop avancé en dotant les eaux

(1) Ouvrage cité, tome III, page 542.
(2) Ouvrage cité, page 48.
(3) Dr C. James, ouvrage cité, page 207.
(4) Ouvrage cité, de la page 82 à la page 92,

minérales de Contrexéville de vertus souveraines contre la
gravelle, la goutte, et en général les maladies des voies di-
gestives et urinaires; ce qui le prouve bien, c'est qu'une
illustre phalange de médecins parisiens dirige tous les ans ses
malades sur cette modeste commune des Vosges. Qu'il nous
suffise de citer les noms de MM. les docteurs Andral, Arnal,
Boinet, Chomel, Civiale, Cloquet, Cullérier, Fournier, Fe-
naille, Gendrin, Guersaut, James, Laguerre, Leroy d'Etiolles,
Malgaigne, Marjolin, Mercier, Michon, Nélaton, Pâtissier,
Philipps, Pidoux, Rayer, Recurt, Ricord, Rostan, Ségalas,
Serres, Velpeau, etc., etc.

MODE D'ADMINISTRATION DES EAUX.

« Les malades débutent par trois ou quatre verres le matin,
» à un quart d'heure ou vingt minutes d'intervalle. Ils en
» élèvent successivement le nombre jusqu'à dix, douze et
» quinze verres, et le réduisent, dans les derniers jours, de
» manière à terminer leur saison comme ils l'ont commencée,
» par trois ou quatre verres. Quelques buveurs boivent jusqu'à
» trente verres d'eau chaque matin, mais ce sont des exagé-
» rations que nous ne saurions approuver (1). »

Enfin, comme l'a écrit M. le docteur Dunoyer : « L'eau de
» Contrexéville, prise à la source, est bien digérée par la ma-
» jorité des buveurs (2). »

Bains.

« Les affections catarrhales chroniques des voies urinaires,
» pour lesquelles on vient à Contrexéville, réclament souvent
» aussi l'usage des bains, surtout si elles sont déterminées par

(1) Peschier, ouvrage cité, page 14.
(2) *Gazette des hôpitaux*, n° du 4 mars 1856.

» la rétrocession d'une maladie de peau ou entretenues par des
» calculs ou graviers ; dans ce cas ils facilitent le départ de ces
« derniers, et le retour à l'extérieur du vice qui les occasionne,
» et par conséquent concourent à la guérison de l'affection
» catarrhale (1). »

Douches.

La douche dirigée sur les lombes a paru très-favorable dans
un grand nombre de cas; « par l'ébranlement qu'elle commu-
» nique aux reins, elle peut, sinon détacher mécaniquement
» les graviers, du moins stimuler les organes où ils sont ren-
» fermés, et favoriser ainsi leur expulsion (2). »

Des saisons.

L'époque la plus favorable pour prendre les eaux à Contrexéville est du 1er juin au 1er septembre.

La saison est de vingt-un jours. Une prolongation est souvent
nécessaire, indispensable même, surtout lorsque la maladie est
de date ancienne.

De l'usage des eaux loin de la source.

Plus de vingt mille bouteilles sont expédiées tous les ans en
France, ou à l'étranger, par l'établissement de Contrexéville.
Ce chiffre imposant en dit assez.

(1) Mamelet, ouvrage cité, page 22.
(2) Dr C. James, ouvrage cité, page 208.

EPINAL, IMPRIMERIE DE PELLERIN.

www.ingramcontent.com/pod-product-compliance
Lightning Source LLC
Chambersburg PA
CBHW060736280326
41933CB00013B/2667